WARUM ?! DARUM

Tom Stacy

Aus unserer Tierwelt

Erklär-Buch mit Fragen und Antworten
aus dem Englischen von Ulrich Look

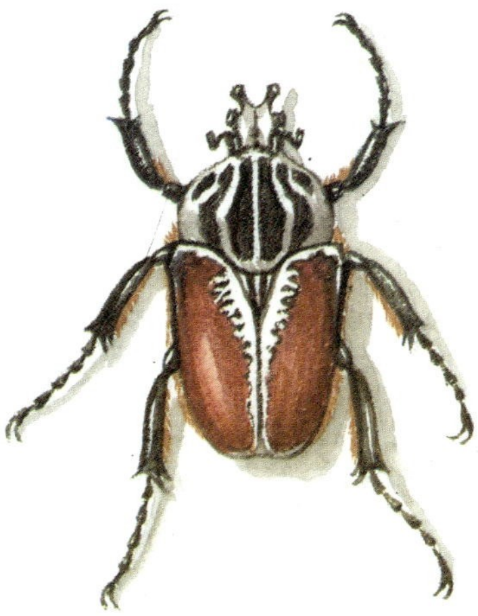

HORIZONT
VERLAG GMBH

Raiffeisenstr. 32, 7024 Filderstadt

Originaltitel: World of Animals
erschienen 1991 bei Kingfisher Books

Druck: Printed in Spain
ISBN: 3-928195-28-x

Inhalt

Was sind eigentlich Tiere?

Tiere sind Lebewesen. Man kennt etwa 1,3 Millionen Arten auf der Welt! Anders als Pflanzen, die ihr ganzes Leben an ein- und derselben Stelle verbringen, müssen Tiere auf der Suche nach Nahrung ständig umherziehen. Dazu haben sie Beine zum Laufen, Flügel zum Fliegen oder Flossen zum Schwimmen entwickelt. Viele Tiere leben von Pflanzen; andere jagen und fressen kleinere Tiere.

MEHR ÜBER TIERE

- Die Tierwelt ist in zwei Hauptgruppen geteilt: Wirbeltiere und Wirbellose. Wirbeltiere sind alle Tiere mit einer Wirbelsäule, also Fische, Amphibien, Reptilien, Vögel, Säugetiere. Zu den Wirbeltieren gehören fast alle großen Tiere, wie z. B. Elefanten

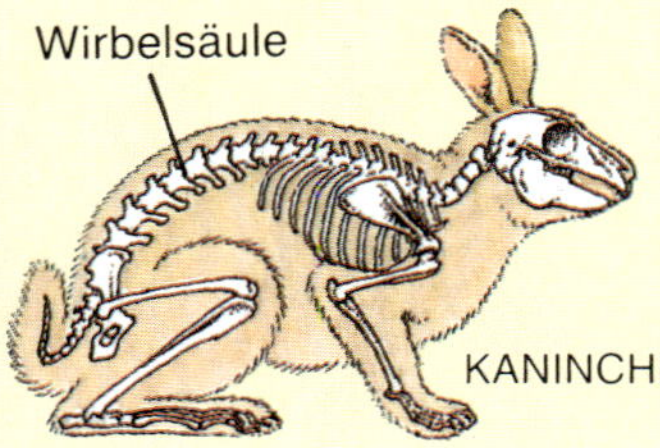

oder Wale, aber auch so kleine wie Mäuse.

- Zu den Wirbellosen zählen alle Tiere, die keine Wir-

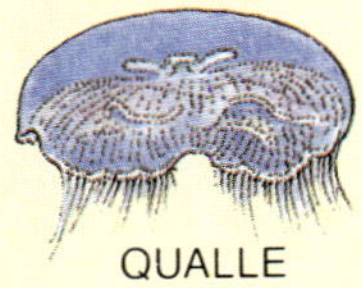

belsäule haben, z. B. Insekten, Würmer und Quallen.

- Etwa 94% aller Tierarten gehören zu den Wirbellosen. Die Wirbeltiere machen nur etwa 6% aus.

- Es gibt rund 21 500 verschiedene Fischarten.

- Amphibien können auf dem Land und im Wasser leben. Zu ihnen gehören die Frösche und Kröten. Schlangen, Eidechsen und Krokodile dagegen sind Reptilien, die meistens an Land leben. Beide Gruppen haben zusammen etwa 8 700 Arten.

- Es gibt rund 9000 verschiedene Vogelarten.

- Die Insekten sind mit etwa 750 000 Arten die größte Tiergruppe. Sie stellen fast drei Viertel aller bekannten Tierarten!

- Tiere, die ihre Jungen mit Muttermilch ernähren, nennt man Säugetiere. Von ihnen gibt es über 4000 Arten.

Wo leben die Tiere?

Tiere leben in allen Teilen der Welt, sowohl auf dem Land als auch im Wasser und in der Luft. Den Lebensbereich eines Tieres nennt man Habitat. Es gibt die die verschiedensten Habitate, z. B. Wald, Steppe, Wüste oder Sumpf. Jedes wird von Tieren bewohnt, die sich dieser Umgebung besonders gut angepaßt haben.

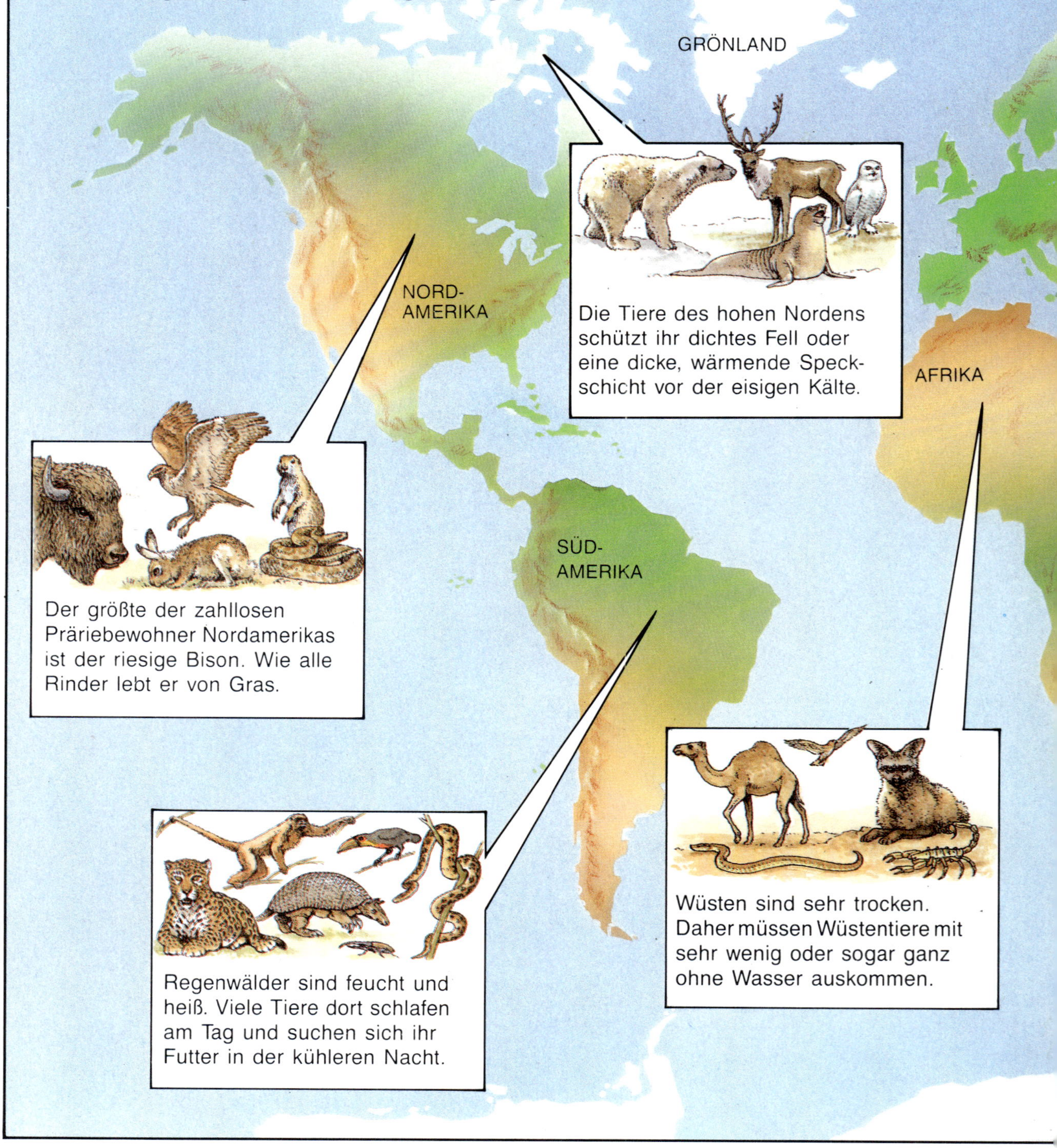

Die Tiere des hohen Nordens schützt ihr dichtes Fell oder eine dicke, wärmende Speckschicht vor der eisigen Kälte.

Der größte der zahllosen Präriebewohner Nordamerikas ist der riesige Bison. Wie alle Rinder lebt er von Gras.

Wüsten sind sehr trocken. Daher müssen Wüstentiere mit sehr wenig oder sogar ganz ohne Wasser auskommen.

Regenwälder sind feucht und heiß. Viele Tiere dort schlafen am Tag und suchen sich ihr Futter in der kühleren Nacht.

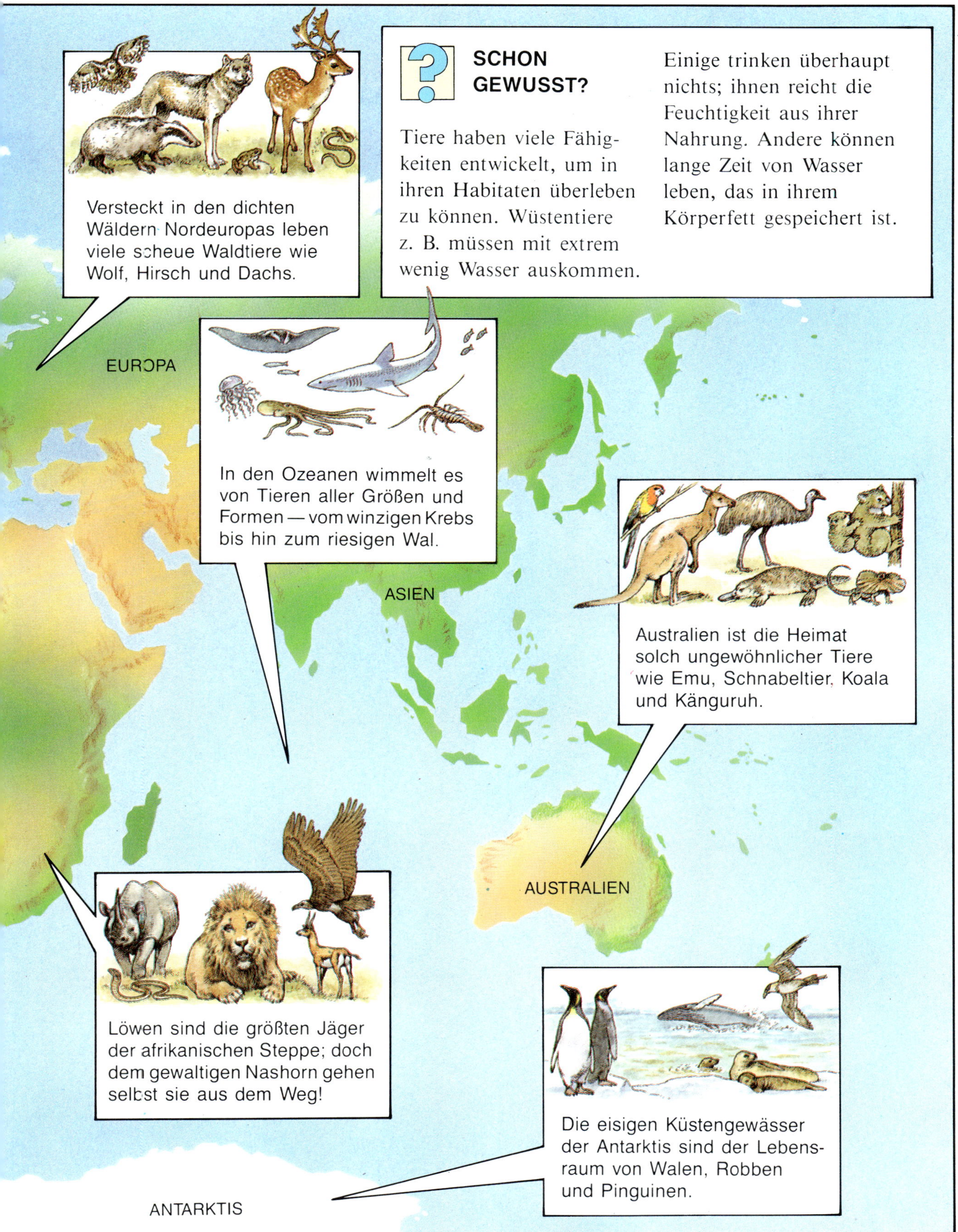

Versteckt in den dichten Wäldern Nordeuropas leben viele scheue Waldtiere wie Wolf, Hirsch und Dachs.

SCHON GEWUSST?

Tiere haben viele Fähigkeiten entwickelt, um in ihren Habitaten überleben zu können. Wüstentiere z. B. müssen mit extrem wenig Wasser auskommen. Einige trinken überhaupt nichts; ihnen reicht die Feuchtigkeit aus ihrer Nahrung. Andere können lange Zeit von Wasser leben, das in ihrem Körperfett gespeichert ist.

In den Ozeanen wimmelt es von Tieren aller Größen und Formen — vom winzigen Krebs bis hin zum riesigen Wal.

Australien ist die Heimat solch ungewöhnlicher Tiere wie Emu, Schnabeltier, Koala und Känguruh.

Löwen sind die größten Jäger der afrikanischen Steppe; doch dem gewaltigen Nashorn gehen selbst sie aus dem Weg!

Die eisigen Küstengewässer der Antarktis sind der Lebensraum von Walen, Robben und Pinguinen.

Wie alt können Tiere werden?

Das höchste Alter erreichen Schildkröten — manchmal über 150 Jahre! Wildtiere sterben meist früher als Zoo- oder Haustiere, weil sie mehr Gefahren ausgesetzt sind. In der Regel werden große Tiere älter als kleine, wie etwa Insekten.

Ausgewachsene Eintagsfliegen leben oft nur wenige Stunden.

Stubenfliegen werden ungefähr 2 bis 3 Monate alt.

Schmetterlinge leben höchstens 1 Jahr.

Mäuse können 5 Jahre alt werden.

Hamster werden bis zu 10 Jahre alt.

Hunde sind mit 15 Jahren „steinalt".

Pferde schaffen bis zu 40 Jahre.

Kakadus können um die 75 Jahre alt werden.

Einige Riesenschildkröten leben bis zu 150 Jahre.

SCHNECKEN BEOBACHTEN

. . . kannst du ganz leicht, wenn du ihr Gehäuse mit einem Filzstift markierst. So findest du sie immer wieder zwischen anderen Schnecken heraus.

Welches Tier ist das klügste?

Intelligenz bei Tieren ist nur schwer meßbar, doch die meisten Fachleute glauben, daß Schimpansen und Delphine am klügsten sind. Schimpansen können einfache „Werkzeuge“ benutzen, und Delphine können sich mit einer Art Sprache aus verschiedenen Tönen unter Wasser verständigen.

Schimpansen benutzen Stöcke, um Termiten aus ihren Bauten zu angeln. Die verspielten Delphine lassen sich leicht zu Kunststücken abrichten.

Welches Tier ist das gefährlichste?

Natürlich sind einige große Raubtiere dem Menschen gefährlich, doch die stärksten Waffen besitzen ganz unscheinbare Tiere. Einige Schlangen, Spinnen und Quallen können einen Menschen mit ihrem Gift in wenigen Minuten töten.

? SCHON GEWUSST?

Jedes Jahr sterben etwa 40000 Menschen an Schlangenbissen. Die meisten Todesfälle werden durch indische Kobras verursacht.

Das Gift dieses winzigen Goldenen Pfeilgiftfrosches würde ausreichen, um 500 Menschen zu töten!

Der bis zu 10 m große Weiße Hai greift gelegentlich Schwimmer an. Seine messerscharfen Zähne können 7,5 cm lang werden.

Welche Tiere sind die schnellsten?

SCHON GEWUSST?

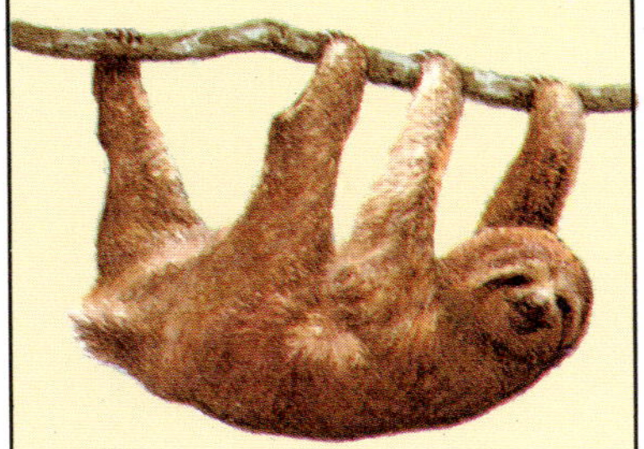

Das langsamste Säugetier ist das Dreizehenfaultier. Es schläft täglich 16 Stunden und braucht einen vollen Tag für ganze 100 m!

Den absoluten Weltrekord halten zwei Vögel. Der Wanderfalke kommt im Sturzflug auf etwa 300 km/h — das ist fast so schnell wie ein Rennwagen! Der aus Asien stammende, mit unserem Mauersegler verwandte Stachelschwanzsegler schafft im Horizontalflug über 160 km/h. Der schnellste Läufer ist der Gepard — doch in einem Wettkampf würde ihn der Fächerfisch sogar noch knapp schlagen!

SCHON GEWUSST?

Der beste Langstreckenflieger ist die Küstenseeschwalbe. Sie brütet in der Arktis, nahe dem Nordpol. Wenn der Sommer dort zu Ende geht, fliegt sie zum Südpol, wo der Sommer dann gerade anfängt. Auf ihrer Weltreise legt sie jährlich bis zu 36000 km zurück!

MEHR ÜBERS TEMPO

	km/h
Stachelschwanzsegler	160+
Fächerfisch	110
Gepard	100+
Brieftaube	97+
Gabelbock	97
Libelle	80
Gazelle	80
Feldhase	72
Rennpferd	70
Strauß	64
Windhund	64
Fuchs	64
Zebra	64
Menschenhai	64
Känguruh	64
Löwe	58
Giraffe	51
Hauskatze	48
Elefant	40
Seelöwe	40
Delphin	40
Mensch	32
Fledermaus	24
Schwein	18
Biene	18
Haushuhn	14
Stubenfliege	8
Goldfisch	6
Schlange	3
Spinne	2
Landschildkröte	0,4
Faultier	0,1
Schnecke	0,05

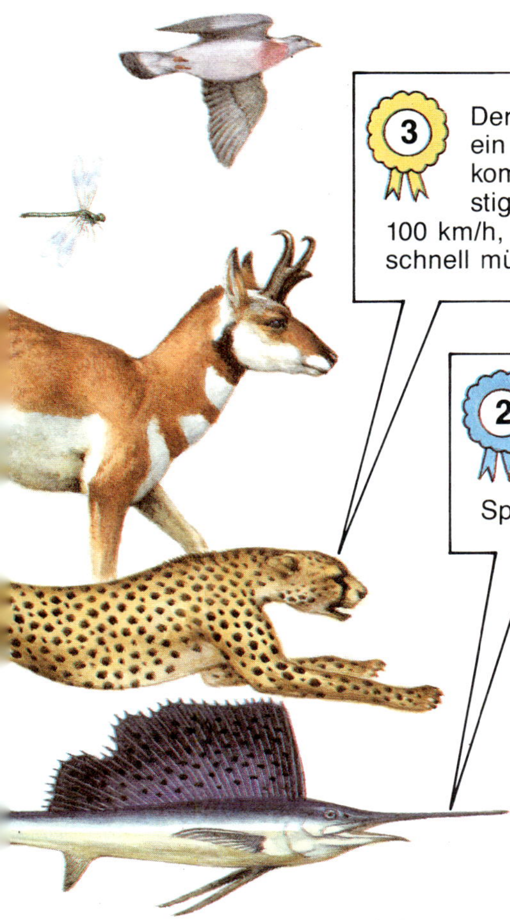

3 Der Gepard ist ein Sprinter. Er kommt kurzfristig auf über 100 km/h, wird aber schnell müde.

2 Der schnellste Fisch ist der Fächerfisch. Er erreicht eine Spitze von 110 km/h.

1 Der Stachelschwanzsegler bringt es auf über 160 km/h — das ist so schnell wie ein D-Zug!

80 | 90 | 100 | 110 | 120 | 130 | 140 | 150 | 160

Welche Tiere sind die größten?

Das größte Tier der Welt ist der Blauwal. Er kann über 30 m lang und bis zu 136 t schwer werden! Das größte Landsäugetier ist der Afrikanische Elefant. Er wird doppelt so hoch wie ein Mensch und bis zu 6 t schwer.

SCHON GEWUSST?

Der Goliathkäfer auf der Abbildung — benannt nach dem Riesen Goliath aus der Bibel — ist der größte Käfer. Er wird bis zu 15 cm lang, und ist so schwer wie ein Apfel.

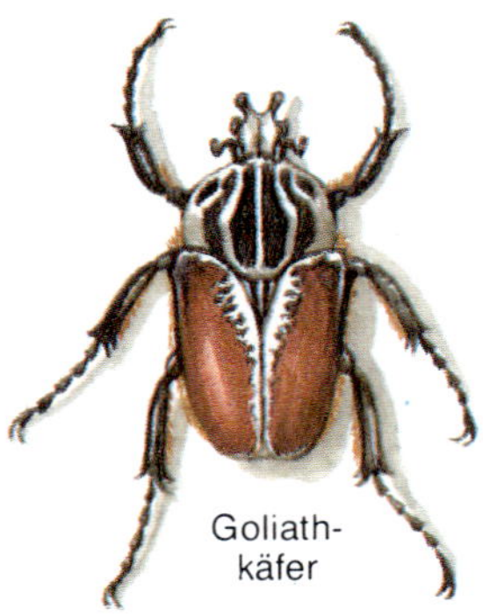

Goliath-käfer

Das höchste Tier ist die Giraffe (5,5 m). Der Afrikanische Elefant ist der größte Pflanzenfresser (3,5 m). Das größte Raubtier ist der Kodiakbär (3 m, aufgerichtet sogar 3,5 m). Der größte Vogel ist der Strauß (2,5 m hoch). Die längsten Schlangen sind der Netzpython (Bild) und die Anakonda (beide um 10 m).

Der riesige Blauwal ist nicht etwa ein Fisch, sondern, wie alle Wale, ein Säugetier.

SCHON GEWUSST?

Man bräuchte 23 Afrikanische Elefanten, um einen einzigen Blauwal aufzuwiegen! Der Blauwal lebt nur von Krill, den kleinen, nur wenige Zentimeter langen Krebstierchen, die in großen Schwärmen leben. Von ihnen verspeist der Blauwal pro Mahlzeit bis zu 3 t.

Warum haben Elefanten Rüssel?

Der Rüssel ist die Nase des Elefanten. Er dient ihm zum Atmen und Riechen, aber auch als eine Art Hand, um Sachen vom Boden aufzuheben oder saftige Zweige hoch in den Baumkronen abzureißen. Er benutzt ihn zum Trinken und sogar als Schlauch, um sich mit Wasser zu bespritzen.

SCHON GEWUSST?

Der Afrikanische Elefant ist größer als der Asiatische; er hat auch größere Ohren und am Rüsselende zwei „Finger“.

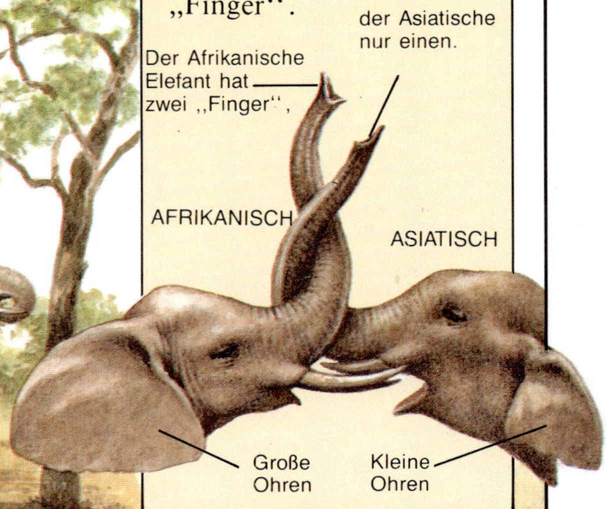

Warum haben Giraffen so lange Hälse?

Mit ihren langen Hälsen können Giraffen bis in die höchsten Baumwipfel hinaufreichen und gelangen so an die saftigsten Blätter.

Trotz ihres enorm langen Halses hat die Giraffe nur sieben Halswirbel — genausoviel wie der Mensch!

SCHON GEWUSST?

Die Giraffe kann ihren Hals nicht gut biegen. Selbst zum Trinken bleibt er gestreckt.

Warum haben Kamele Höcker?

Der Höcker hilft dem Kamel in der Wüste, wo Futter und Wasser oft knapp sind, zu überleben. In ihm wird überschüssige Nahrung in Form von Fett gespeichert. Ein gut genährtes Kamel kann dann wochenlang von den Fettreserven im Höcker leben, ohne Wasser oder Futter aufnehmen zu müssen.

SCHON GEWUSST?

Es gibt zwei Kamelarten. Das Dromedar aus Nordafrika hat nur einen Höcker, das in Zentralasien lebende Baktrische Kamel hat zwei.

Warum sind Zebras gestreift?

Aus der Entfernung betrachtet lösen die Streifen die Körperumrisse auf. Sie tarnen also die Zebras, besonders, wenn die Tiere im Halbschatten von Büschen oder Bäumen stehen. Streifen erschweren es auch den Feinden, einzelne Zebras in einer flüchtenden Herde auszumachen.

SCHON GEWUSST?

Auch dem Tiger helfen seine Streifen, mit Schatten und hohem Gras zu „verschmelzen“.

Warum halten Tiere Winterschlaf?

Viele Tiere verbringen den Winter, wenn Nahrung knapp ist, in tiefem, starreähnlichem Schlaf. Ihre Körpertemperatur sinkt ab, und sie verbrauchen nur so wenig Energie, daß sie von den Fettresten vom letzten Herbst leben können. Erst im Frühling wachen sie wieder auf — sehr dünn und hungrig!

SCHON GEWUSST?

Eine australische Wüstenfroschart vergräbt sich bei Trockenheit im Boden, bis es regnet. Das Weibchen laicht dann in seichten Tümpeln. Verdunstet das Wasser, vergraben sich auch die jungen Frösche. Eingewickelt in eine durchsichtige Haut, die sie vor Austrocknung schützt, können sie so 2 Jahre überstehen — bis zum nächsten Regen!

Warum haben Känguruhs Beutel?

Bei der Geburt sind die jungen Känguruhs nur wenige Millimeter groß. Sie verbringen die ersten Monate ihres Lebens gut geschützt in einem Hautbeutel vor dem Bauch der Mutter. Dort befinden sich auch die Zitzen, an denen die Jungen trinken. Tiere, die ihren Nachwuchs im Beutel aufziehen, nennt man Beuteltiere.

Känguruhs hüpfen in langen Sätzen auf ihren kraftvollen Hinterbeinen. Ihr langer Schwarz hilft ihnen beim Balancieren.

MEHR ÜBER BEUTELTIERE

- Es gibt etwa 270 Beuteltierarten, davon rund 90 in Nord- und Südamerika.
- Alle anderen leben in Ozeanien, die meisten in Australien, z.B. Känguruhs und Koalas.

BEOBACHTE DIE NATUR

Überall kannst du Fraßspuren von verschiedenen Tieren finden. Achte z.B. auf angeknabberte Nüsse und Samen oder auf junge Bäume, deren Rinde von Rehen, Hirschen oder Kaninchen „geschält“ wurde.

Nuß (Maus) Zapfen (Eichhörnchen) Rinde (Reh, Hirsch)

Warum wechseln Chamäleons ihre Farbe?

Chamäleons sind Echsen, deren Körperfarbe je nach Stimmung wechselt — ein gereiztes Chamäleon verfärbt sich schwarz! Außerdem dient der Farbwechsel, der auch von Licht und Temperatur abhängt, der Tarnung: Die Tiere passen sich so jeweils ihrer Umgebung an.

MEHR ÜBER ECHSEN

- Die größte landlebende Echse ist der indonesische Komodowaran (bis 3 m lang).
- Die neuseeländische Tuatara (unten) wird über 100 Jahre alt.

Warum verlieren Eidechsen ihre Schwänze?

Einige Echsenarten, wie z.B. Eidechsen oder Geckos, können bei Gefahr ihre Schwänze abwerfen. So verwirren sie Verfolger, die mit dem zappelnden Schwanz zurückbleiben, während die Echse entkommt.

Eidechsen, die ihren Schwanz durch Raubtiere (wie der Greifvogel auf unserem Bild) verloren haben, wächst nach einiger Zeit ein neuer. Dieser wird aber nicht mehr so lang wie der alte.

Warum haben manche Tiere einen Panzer?

Viele Tiere, wie z. B. Schnecken, Krebse oder Schildkröten, schützen ihren weichen, verletzlichen Körper durch einen harten Panzer. Sie ziehen sich bei drohender Gefahr in ihren Panzer zurück wie in eine Ritterrüstung.

SCHON GEWUSST!

Wasserschildkröten (unten) haben flossenartige Beine zum Schwimmen und einen flacheren Panzer als Landschildkröten (links).

Wie jagen Krokodile?

Krokodile treiben oft unbeweglich wie Baumstämme in der Nähe des Ufers. Nur Augen und Naslöcher ragen aus dem Wasser. Kommt ein unvorsichtiges Tier zu nahe heran, etwa um zu trinken, schnappt das Krokodil zu und zerrt es unter Wasser, bis es ertrunken ist.

SCHON GEWUSST?

Krokodile haben schmalere Kiefer als Alligatoren, und der 4. Zahn ihres Unterkiefers ragt aus dem geschlossenen Maul heraus.

Wie fliegen Vögel?

Vögel schlagen entweder kräftig mit den Flügeln auf und ab, was ihnen Auftrieb gibt, oder sie segeln mit weit gespreizten Schwingen. Viele Arten benutzen beide Methoden. Der Flügelschlag kleiner Vogelarten ist meist sehr viel schneller als der von großen. Vögel haben leichte Knochen und kräftige Muskeln. Über dem weichen, wärmenden Untergefieder bilden die Deckfedern eine glatte Schicht, die der Luft wenig Widerstand bietet.

Die langen, zugespitzten Flügel und der Gabelschwanz weisen den Fregattvogel (unten) als hervorragenden Flieger aus.

Der Kondor (oben) ist ein typischer Segler, der auf seinen breiten Schwingen von gut 3 m Spannweite stundenlang durch die Luft gleiten kann.

BAU DIR EIN VOGEL-MOBILE

1 Zeichne verschiedene Vogelkörper und Flügel auf Karton, male sie an und schneide sie aus. Falze die Flügel und befestige sie mit Heftklammern am Körper.

2 Für den Rahmen brauchst du zwei Draht-Kleiderbügel.

3 Beschwere die Vögel mit Knetmasse. Befestige die fertigen Vögel mit unterschiedlich langen Fäden am Rahmen, damit sie nicht zusammenstoßen.

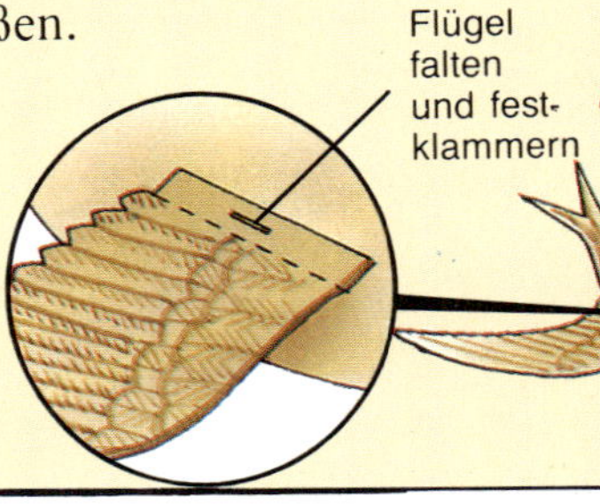

Der Turmfalke (links) „steht“ beim Jagen oft flügelschlagend minutenlang an der gleichen Stelle in der Luft.

Der Wanderalbatros (oben), ein ausgezeichneter Langstreckenflieger hat die größte Flügelspannweite aller Vögel (bis zu 3,5 m).

Die schnellsten Flieger gehören zur Familie der Segler (links). Ihre langen, schmalen Flügel sind zurückgebogen wie die Tragflächen eines Düsenflugzeugs.

MEHR ÜBER VÖGEL

• Der kleinste Vogel ist die Hummelelfe, ein Kolibri. Sie ist nur ca. 60 mm lang und 1,6 g schwer. Ihre Flügel schlagen bis zu 50mal pro Sekunde!

SCHON GEWUSST?

Nicht alle Vögel können fliegen. Zu den flugunfähigen Vögeln gehören der große afrikanische Strauß, der südamerikanische Nandu und der australische Emu. Der Kiwi, ein scheuer Nachtvogel aus Neuseeland, hat nur noch Flügelstummel und borstenähnliche „Federn“.

Emu

Kiwi

Pinguine können nicht mehr fliegen, aber gut schwimmen und tauchen. Ihre Flügel haben sich zu Flossen entwickelt.

Kaiserpinguine

Wie fliegen Fledermäuse?

Fledermäuse sind Säugetiere. Statt Flügelfedern besitzen sie eine dünne, feste Flughaut, die sich zwischen den verlängerten Fingerknochen ihrer „Hände“ bis zu den Füßen und dem Schwanz spannt — ähnlich wie der Stoff eines Regenschirms zwischen den Metallspeichen. Zum Fliegen schlagen sie ihre Flügel wie Vögel schnell auf und ab.

MEHR ÜBER FLEDERMÄUSE

- Die größte Fledermaus ist der Fliegende Hund oder Kalong mit bis zu 1,5 m Spannweite.

- Die kleinste Fledermaus ist die Zwergfledermaus. Sie ist kaum größer als eine Hummel.

SCHON GEWUSST?

Viele Fledermausarten benutzen zur Insektenjagd im Dunkeln eine Art Echolot. Sie senden einen Ultraschall-Ton aus, der u. a. von Insekten reflektiert wird; daran erkennen sie die Entfernung zur Beute.

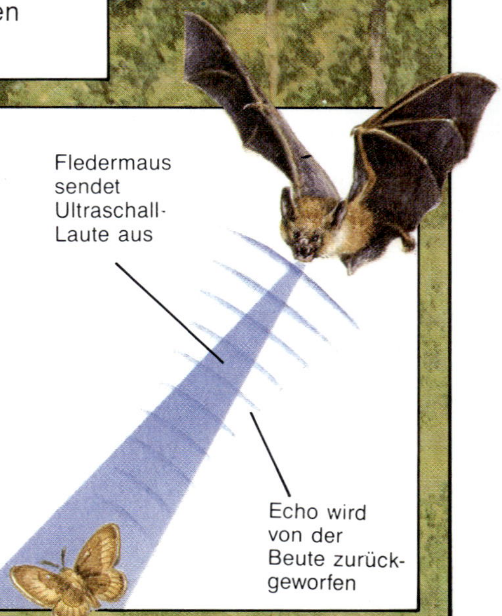

Können Fische fliegen?

Fische können nicht wirklich fliegen, doch die sogenannten Fliegenden Fische haben sehr lange Brustflossen, die ausgebreitet fast wie Flügel wirken. Auf der Flucht vor Feinden springen sie aus dem Wasser und können über 100 m weit durch die Luft gleiten.

SCHON GEWUSST?

Flughörnchen haben große Hautlappen zwischen Vorder- und Hinterbeinen, die wie ein Gleitschirm wirken und den Tieren „Segelflüge" von ungefähr 30 m von Baumkrone zu Baumkrone ermöglichen.

Können Frösche fliegen?

Auch Frösche können nicht richtig fliegen, doch gibt es einige Baumfrösche mit stark vergrößerten, fallschirmartigen Schwimmhäuten zwischen den Zehen. Bei Sprüngen aus Baumwipfeln können diese Frösche bis zu 25 m weit gleiten.

Baumfrösche können auch ausgezeichnet klettern. Dabei helfen ihnen die Haftballen an Fingern und Zehen.

SCHON GEWUSST?

Der kleinste Frosch ist der Kubanische Zwergfrosch. Er wird nur etwa 10 mm lang!

Wie schwimmen Fische?

Fische schwimmen durch Seitwärtsbewegungen des Hinterkörpers. Dabei spannen sie abwechselnd kurz die Muskeln auf jeweils einer Körperseite an. Das führt zu schnellen, wellenförmigen Bewegungen der Schwanzflosse, die den Fisch so durchs Wasser vorantreibt.

Die Rückenflosse, die bei jedem Fisch anders geformt ist, wird zum Steuern benutzt.

Die Schwanzflosse ist der Antrieb des Fisches. Sie drückt ihn vorwärts.

Mit den Bauchflossen hält der Fisch beim Schwimmen die Balance.

Durch abwechselndes Zusammenziehen der seitlichen Muskeln entsteht eine Folge schneller Wellenbewegungen des Hinterleibes, die den Fisch vorwärts treibt.

BAU DIR EIN AQUARIUM

1 Bedecke den Boden eines Glasgefäßes mit sauberem, feinem Kies. Laß langsam klares Wasser in den Behälter laufen.

2 Neben einigen Wasserpflanzen gehört auch ein Unterschlupf für die Fische ins Aquarium.

3 Laß das Aquarium 3 Tage stehen, bevor du die Fische einsetzt. Denke daran, daß schon ein kleiner Fisch mindestens 4 l Wasser benötigt!

SCHON GEWUSST?

Seepferdchen sind Fische, die sehr langsam und aufrecht schwimmen, angetrieben von schnellen Fächerbewegungen der Rückenflossen.

Wie atmen Fische unter Wasser?

Alle Tiere brauchen Sauerstoff zum Leben. Landtiere atmen ihn über ihre Lungen aus der Luft ein, Fische entnehmen ihn dem Wasser, in dem sie ja leben. Dazu besitzen sie ein Paar besonderer Organe am Kopf, die Kiemen.

Zum Atmen nimmt der Fisch Wasser auf und drückt es durch die Kiemen, wo der Sauerstoff herausgefiltert und ans Blut abgegeben wird.

Unzählige bunte Fische bevölkern die warmen, flachen Gewässer der Korallenriffe.

SCHON GEWUSST?

Schlammspringer sind Fische, die sowohl im Wasser wie auch an der Luft Sauerstoff einatmen können. An Land stützen sie sich auf ihre Brustflossen und bewegen sich zappelnd und springend vorwärts.

Sind alle Schlangen giftig?

Von den fast 2400 Schlangenarten sind nur etwa 300 giftig. Sie haben im Oberkiefer ein Paar spitzer, hohler Giftzähne, mit denen sie Angreifern oder Beutetieren das Gift einspritzen. Andere Schlangen zermalmen ihre Jagdbeute zwischen den Kiefern oder töten sie durch Umschlingen und Erwürgen.

Wie alle Würgeschlangen tötet der Netzpython (unten) seine Beute durch Umschlingen.

Der australische Taipan (unten) ist eine der gefährlichsten Giftschlangen.

Die Kobra (links) richtet sich bei Bedrohung auf. Kobras verursachen die meisten tödlichen Unfälle.

SCHON GEWUSST?

- Durch die sehr lose Verbindung von Ober- und Unterkiefer können Schlangen ihr Maul extrem weit öffnen und Tiere verschlingen, die viel dicker sind als sie selbst.

- Die größten Schlangen sind die Anakonda (Südamerika) und der Netzpython (Südostasien). Beide werden bis etwa 10 m lang.

- Vipern haben von allen Schlangen die längsten Giftzähne — bis zu 5 cm.

Die Anakonda (unten), eine Würgeschlange, lebt in den Sümpfen des Amazonasgebietes.

Klapperschlangen (rechts) sind hochgiftig. Bei Bedrohung rasseln sie mit den losen Horngliedern am Schwanzende.

Wie bewegen sich Schlangen vorwärts?

Obwohl sie keine Beine haben, können Schlangen sich erstaunlich schnell fortbewegen. Durch Zusammenziehen und Entspannen ihrer kräftigen Muskeln schieben oder schlängeln sie sich vorwärts. Manche Arten graben auch ihre breiten Bauchschuppen in den Boden und stemmen sich dann dagegen.

1 Über harten Boden „schlängeln" sich Schlangen meist durch Einsatz der Muskeln, wobei ihnen Steine und Wurzeln zum Abstoßen dienen.

2 Die in Wüsten lebenden Seitenwinderschlangen stemmen Kopf und Schwanz gegen den Boden und schleudern dann die Körpermitte seitwärts.

3 Auf weichem Untergrund lebende Schlangen verankern ihren Schwanz im Boden, ziehen den Körper in Windungen zusammen und werfen dann Kopf und Vorderteil vorwärts.

1

SCHON GEWUSST?

Obwohl sie taub sind und auch nicht gut sehen, sind Schlangen ausgezeichnete Jäger. Dabei hilft ihnen ihr Geruchssinn; außer mit der Nase nehmen sie Gerüche auch noch mit der Zunge auf! Grubenottern haben außerdem zwei „Wärmedetektoren", damit können sie Größe und Entfernung eines Tieres durch seine Körperwärme bestimmen!

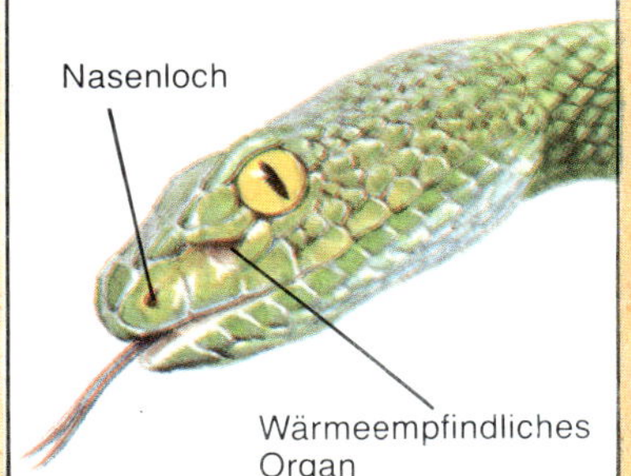

2

3

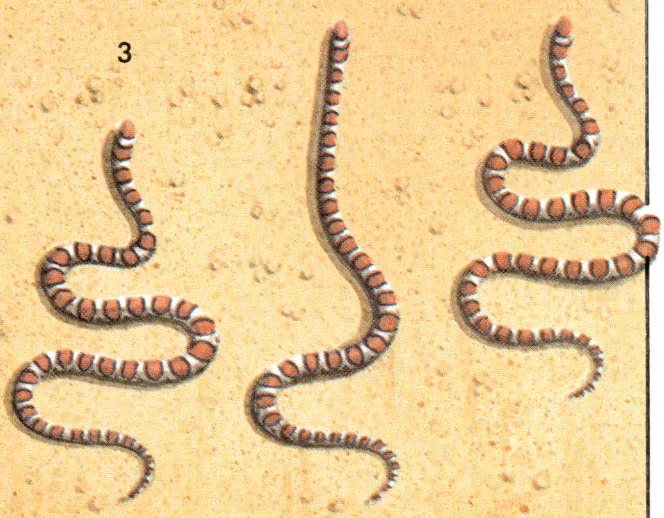

Wie werden aus Kaulquappen Frösche?

Kaulquappen sehen aus wie kleine Fischchen. Sie atmen noch durch Kiemen und können das Wasser nicht verlassen. Im Laufe ihrer Entwicklung zu Fröschen wachsen ihnen Beine, und sie verlieren ihre Schwänze. Ihre Kiemen wandeln sich in Lungen um, mit denen sie an Land atmen können.

SCHON GEWUSST?

Tiere, die sowohl im Wasser wie auch an Land leben, nennt man Amphibien. Obwohl die meisten ausgewachsenen Amphibien durch Lungen atmen, entfernen sie sich nie weit vom Wasser, da ihre Haut nicht austrocknen darf.

SO WACHSEN KAULQUAPPEN

1 Alle Frösche und Kröten stehen unter Naturschutz. Du darfst also nur Laich nehmen, der aus Nachzuchten stammt!

2 Gib den Laich in eine mit Wasserpflanzen und Tümpelwasser gefüllte Schüssel. Notiere täglich alle Veränderungen.

3 Nach etwa 10 Tagen schlüpfen die ersten Kaulquappen. Anfangs ernähren sie sich von den Wasserpflanzen. Wenn dann ihre Beine zu wachsen beginnen, brauchen sie zusätzlich Zierfischfutter.

4 Leg einen Stein in die Schüssel, damit die fertig entwickelten Fröschchen aus dem Wasser klettern und Luft atmen können. Wenn sie dann ihren Schwanz verloren haben, solltest du sie unbedingt an einem geeigneten Gewässer aussetzen!

Wie unterscheidet man Frösche von Kröten?

Frösche und Kröten ähneln sich oft sehr, und man verwechselt sie leicht. Hier die wichtigsten Unterschiede: Frösche hüpfen und machen bei Gefahr mit ihren langen Hinterbeinen weite Sprünge. Die kurzbeinigeren Kröten hoppeln eher schwerfällig. Frösche haben eine glatte Haut, Kröten meist eine warzige..

SCHON GEWUSST?

Ochsenfrösche springen über 2 m weit, Spitzmaulfrösche sogar bis zu 3,60 m!

MEHR ÜBER AMPHIBIEN

- Der größte Frosch ist der afrikanische Goliathfrosch — er ist rund 3 kg schwer und mit fast 40 cm so groß wie 2 Seiten dieses Buches!
- Die größten Amphibien sind die in China und Japan lebenden Riesensalamander. Sie werden manchmal bis zu 1,50 m lang.
- Einige Salamander, wie der Feuersalamander (unten), sondern über die Haut Gift ab. An Land bewegen sie sich auf ihren kurzen Beinchen ziemlich schwerfällig.

Männliche Frösche (rechts) können zur Schallverstärkung beim Quaken ihren Kehlsack aufblasen.

Viele Kröten (unten) schützen sich mit Gift, das sie in Drüsen ihrer warzigen Haut produzieren.

Wie werden aus Raupen Schmetterlinge?

SCHON GEWUSST!

Es gibt Tag- und Nachtfalter. Die meist viel bunteren Tagfalter legen ihre Flügel in Ruhestellung senkrecht über dem Rücken zusammen; Nachtfalter halten ihre Flügel flach und oft gespreizt.

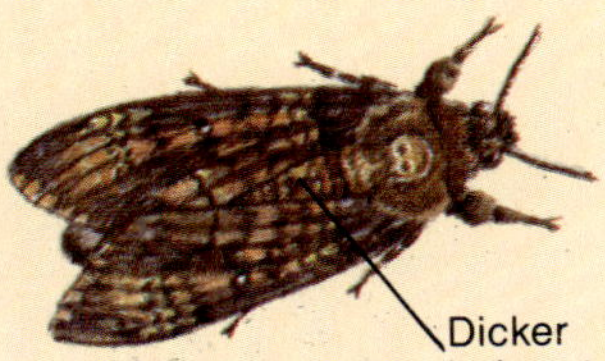

BEOBACHTE SCHMETTERLINGE

Schmetterlinge werden immer seltener — du solltest sie also nicht fangen! Viel interessanter ist es, sie draußen zu beobachten. Welche Arten entdeckst du? Welche Blumen bevorzugen sie? Suche auf Blättern nach Eiern und Raupen und stelle fest, zu welchen Schmetterlingsarten sie gehören.

Jeder Schmetterling durchlebt im Laufe seines Daseins vier sehr unterschiedliche Entwicklungsstadien. Am Anfang steht das Ei, aus dem dann die Raupe schlüpft. Diese verwandelt sich nach einiger Zeit in eine Puppe, aus der schließlich der fertige Schmetterling schlüpft. Dieser Lebenskreislauf kann von wenigen Wochen bis hin zu mehreren Jahren dauern.

1 Der Lebenskreislauf eines Schmetterlings beginnt, wenn ein Weibchen seine Eier auf einer Pflanze ablegt. Aus jedem Ei schlüpft eine winzige Raupe.

2 Die Raupe ist schier unersättlich. Fast ununterbrochen frißt sie an Blättern und wächst dabei unglaublich schnell.

4 In der Puppe entwickelt sich langsam der Schmetterling. Ist die Zeit gekommen, platzt die Puppenhülle auf, und heraus kommt der fertige Schmetterling.

3 Die ausgewachsene Raupe spinnt aus einem hauchdünnen Faden eine dicke Schutzhülle um sich herum — die Puppe. Sie frißt jetzt nichts mehr. Die Puppe erstarrt bald und wirkt völlig leblos.

MEHR ÜBER FALTER

- Die größten Tagfalter sind die Vogelfalter in Südostasien (unten) mit Spannweiten bis zu 25 cm. Vergleiche das mal mit deinen Händen!

- Der größte Nachtfalter ist der Eulenfalter in Süd- und Mittelamerika. Seine Spannweite beträgt über 30 cm!

- Andere riesige Nachtfalter sind der Atlasspinner und der australische Herkulesfalter mit rund 25 cm Spannweite!

Wie machen Spinnen ihre Netze?

Spinnen produzieren im Körper zwei Arten von Fäden. Aus dem stärkeren machen sie den Rahmen des Netzes; der andere ist dünner und klebrig. Er wird so im Netz verwoben, daß Insekten daran kleben bleiben.

1 Zuerst schlägt die Spinne aus zwei starken Fäden eine Brücke zwischen z.B. zwei Zweigen.

2 Dann spannt sie den längeren Faden so nach unten, daß ein Dreieck entsteht. Die Spitze des Dreiecks bildet die Netzmitte.

3 Weitere starke Fäden, von der Mitte ausgehend, vervollständigen den Rahmen.

4 Nun füllt die Spinne die Zwischenräume zwischen den starken Fäden mit dem dünneren Klebfaden aus. Verfängt sich ein Insekt in der Falle, tötet sie es mit einem Giftbiß.

INSEKTEN AUS DER NÄHE

Mit dieser einfachen Falle kannst du Insekten fangen und beobachten, ohne sie zu verletzen.

1 Vergrabe ein Glas im Boden und schütze es mit einem Deckel vor Regen (siehe Bild rechts).

2 Kontrolliere deine Falle jeden Morgen. Lies in einem Bestimmungsbuch nach, welche Insekten du gefangen hast; dann laß sie wieder frei!

3 Stelle Fallen an trockenen und feuchten Plätzen auf und vergleiche: Sind es immer die gleichen Tiere?

Sind Spinnen Insekten?

Obwohl Spinnen große Ähnlichkeit mit Käfern und anderen Insekten haben, bilden sie eine eigene Tierklasse, die Arachniden. Hier das auffälligste Unterscheidungsmerkmal beider Gruppen: Insekten haben immer sechs Beine, Arachniden (z. B. Spinnen, Skorpione und Milben) immer acht!

SCHON GEWUSST?

Die Bolaspinne fängt ihre Beute mit einem Faden, an dessen Ende ein klebriger Tropfen hängt. Sie schleudert ihn zielsicher auf vorbeifliegende Insekten — fast wie ein Gaucho in Südamerika seine Bola, wie dort ein Lasso genannt wird.

MEHR ÜBER INSEKTEN

- Man kennt ca. 750000 Insektenarten. Jährlich werden Tausende neue entdeckt.

- Ameisen und Bienen leben in Gemeinschaften (Völkern) von bis zu 800000 Tieren.

- Käfer haben einen harten Panzer, der die Flügel und den Hinterleib schützt.

- Libellen sind schnelle Flieger — sie erreichen bis zu 80 km/h!

- Anders als die meisten Insekten besitzen Fliegen und Mücken nur ein Paar Flügel.

- Groß und klein: Blattläuse werden nur ca. 2 mm lang, Stabheuschrecken über 30 cm!

- Schmetterlinge ernähren sich von Nektar. Sie saugen ihn mit langen Rüsseln aus den Blüten.

- Heuschrecken springen mit ihren kräftigen Hinterbeinen. Manche können auch fliegen.

Wie machen Bienen Honig?

Während des Sommers sammeln Bienen Nektar und Blütenstaub aus Blumen. Im Bienenstock vermengen sie diese dann mit einer Flüssigkeit, die sie im Körper produzieren. Sie speichern diesen Brei in den sechseckigen Zellen ihrer wächsernen Waben als Wintervorrat. Mit der Zeit wird aus dem Gemisch dann Honig.

MEHR ÜBER BIENEN

- In großen Bienenstöcken leben bis zu 80000 Bienen-„Arbeiterinnen", aber nur eine Königin.
- Um knapp 1/2 kg Honig zu produzieren, müssen 10 Bienen ihr ganzes Leben lang arbeiten.

INSEKTEN ANLOCKEN

Diesen Versuch solltest du an einem warmen Sommertag durchführen, wenn viele Insekten unterwegs sind. Vorsicht — einige Insekten, wie Wespen, stechen, wenn sie sich bedroht fühlen!

1 Stelle draußen jeweils ein beschriftetes Schälchen mit Milch, Zuckerwasser, Salzwasser und Marmelade auf ein großes farbiges Blatt Papier.

2 Notiere dir, welche Insekten als erstes an welche Schälchen gehen. Wie viele Insekten kannst du in 1/2 Stunde anlocken? Welcher Köder wird bevorzugt?

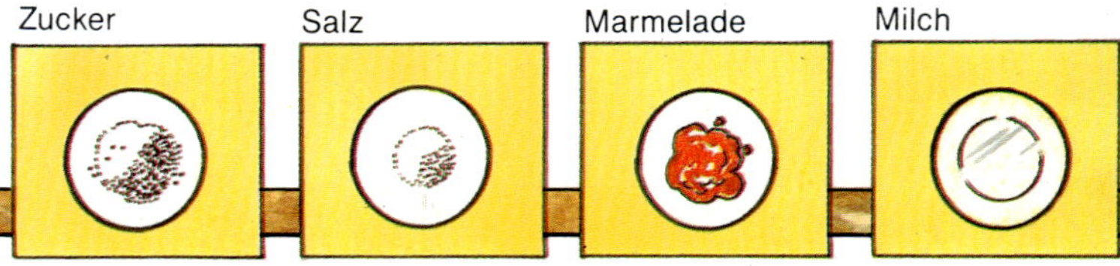

Warum stechen Bienen und Wespen?

Bienen und Wespen stechen meist nur zur Verteidigung; lediglich Bienenköniginnen bekämpfen sich mit dem Stachel. Stechen Bienen oder Wespen uns Menschen, können sie sehr oft den Stachel nicht mehr aus unserer zähen, elastischen Haut herausziehen. Meistens reißt er vom Hinterleib ab, und das Tier stirbt.

Der hohle Stachel ist mit Widerhaken besetzt, damit er nicht herausrutscht, während die Biene Gift in die Wunde pumpt.

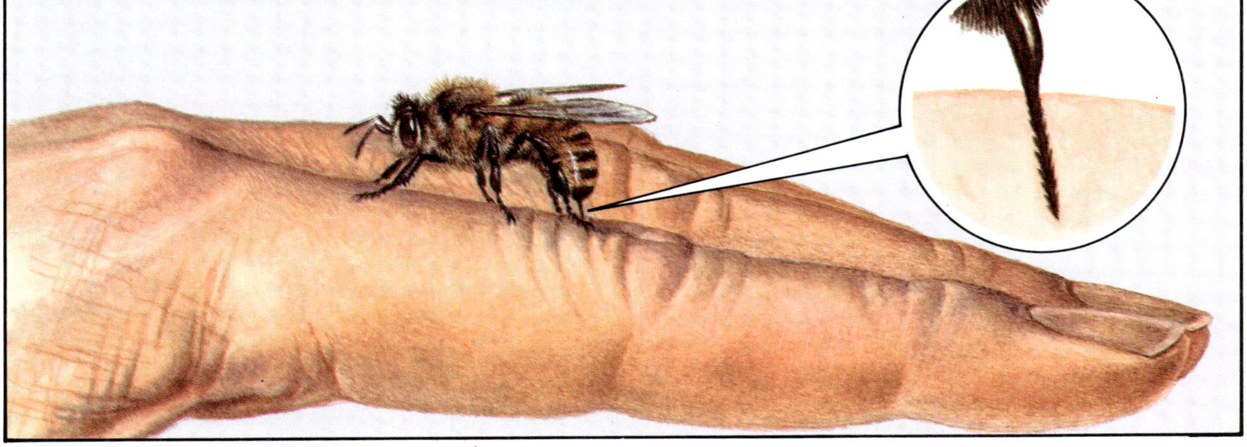

Wie laufen Fliegen an der Decke?

Unter dem Mikroskop erkennt man am Fliegenfuß (links) die Krallen und Saugnäpfe, die es ihr möglich machen, an der Zimmerdecke zu laufen.

Fliegen haben an jedem Fuß zwei winzige Krallen und zwei Haftlappen. Mit den Krallen können sie sich an den kleinsten Unebenheiten festhalten, während die Haftlappen auf glatten Flächen wie Saugnäpfe wirken. Deshalb können Fliegen an Fensterscheiben entlanglaufen und auch — kopfunter — an der Decke!

MEHR ÜBER FLIEGEN

- Das Summen der Fliege entsteht durch ihren rasend schnellen Flügelschlag — etwa 250mal pro Sekunde!

Wann lebten die Dinosaurier?

Das Zeitalter der Dinosaurier begann vor 225 Millionen Jahren und endete vor 65 Millionen Jahren — lange bevor die ersten Menschen auf der Erde auftauchten. Keiner hat also je einen lebenden Saurier gesehen. Man weiß auch nicht, warum sie ausstarben. Unser ganzes Wissen über Saurier beruht auf Fossilienfunden, also Funden von Knochen und anderen Überresten im Boden, die im Laufe von Jahrmillionen versteinert sind.

SCHON GEWUSST?

Einige Wissenschaftler sind der Ansicht, daß eine Dinosaurierart möglicherweise noch größer war als der Brachiosaurus. Diese sogenannten Ultrasaurier waren vielleicht bis zu 35 m lang und so hoch wie dreistöckige Häuser!

Warum sterben Tiere aus?

Die Hauptursache dafür ist heute der Mensch. Die Erdbevölkerung wächst immer schneller und mit ihr der Bedarf an Nutzland. Immer mehr Wildnis wird vernichtet und damit auch die dort lebenden Tierarten. Andere wurden — und werden! — bewußt ausgerottet, weil Menschen sich vor ihnen fürchten oder ihr Fleisch und Fell schätzen. Auch die Umweltverschmutzung trägt dazu bei, daß täglich weitere Tierarten verschwinden.

Durch die zunehmende Zerstörung der Regenwälder, seines Lebensraumes, ist auch der scheue Gorilla höchst gefährdet.

BEDROHT!

- In den letzten 400 Jahren sind über 300 Vogel- und Säugetierarten ausgestorben. Im gleichen Zeitraum ist die Zahl der Menschen von knapp 1/2 Milliarde auf über 5 Milliarden gestiegen!
- Die „Rote Liste“ umfaßt Tausende bedrohter Tierarten — vom winzigen Insekt bis hin zu Elefanten und Walen!

Bedroht: Scheckenfalter

Bedroht: Javanashorn

- Vom Javanashorn gibt es nur noch weniger als 50 Exemplare!
- Wenn die Zerstörung der Lebensräume nicht schnellstens gestoppt wird, werden wir Jahr für Jahr weitere 15 Säugetier-, 30 Vogel-, 90 Fisch- und über 2000 Insektenarten verlieren!

Wichtige Begriffe

Amphibien: Eine wichtige Klasse der Wirbeltiere, zu der Frösche, Kröten, Salamander und Molche gehören. Amphibien leben sowohl im Wasser als auch an Land. Sie haben eine feuchte, manchmal schleimige Haut und legen meist gallertartige Eier.

Beuteltiere: Eine besondere Gruppe der Säugetiere, die ihre Jungen in einem Hautbeutel am Bauch aufziehen (z. B. Känguruhs).

Habitat: Der Lebensraum eines Tieres. dazu gehören neben der jeweils typischen Landschaftsform auch das Klima und die anderen dort vorkommenden Tier- und Pflanzenarten.

Kiemen: Körperorgane, die Fischen und anderen Tieren das Atmen unter Wasser möglich machen.

Lungen: Körperorgane, mit denen der Mensch und alle Säugetiere — von der Etruskerspitzmaus (kleinstes Säugetier) bis zum Blauwal (größtes Säugetier) — den Sauerstoff aus der Luft atmen.

Reptilien: Eine Klasse der Wirbeltiere, zu der u. a. alle Schlangen, Schildkröten und Echsen (z. B. Eidechse, Gecko, Chamäleon, Krokodil, Alligator) gehören. Anders als Amphibien haben Reptile meist eine trockene, schuppenbesetzte Haut und legen ihre Eier an Land ab.

Säugetier: Tiere, die lebende Junge zur Welt bringen und diese dann mit Milch säugen, die sie selbst im Körper produzieren. Strenggenommen ist auch der Mensch ein Säugetier!

Spezies: Eine bestimmte Art innerhalb einer Gruppe eng miteinander verwandter Tierarten. Blauwale sind z. B. eine Spezies der Wale, Buckelwale eine weitere Spezies.

Winterschlaf: Ein starreähnlicher Schlaf während der kalten futterarmen Jahreszeit. Während des Winterschlafs, der mehrere Monate dauert, sind alle Körperfunktionen weit herabgesetzt. Die Tiere fressen nichts und leben nur von ihren Fettreserven.

Wirbellose: Tiere ohne Wirbelsäule, z. B. Quallen, Würmer und alle Insekten. Viele der über 1 Million Wirbellosen haben zum Schutz ihres weichen Körpers eine harte Außenschale (z. B. Schnecken) oder einen Panzer (z. B. Käfer).

Wirbeltiere: Alle Tiere mit einer Wirbelsäule, also Vögel, Fische, Amphibien, Reptilien und Säugetiere. Es gibt etwa 46 500 Wirbeltierarten.

Register